BIBLIOTECA
PARA MENTES
CURIOSAS

AF000830

LA GRANJA

texto de
CAMILLE BABEAU

ilustraciones de
CHARLOTTE AMELING
HÉLÈNE CONVERT
ILARIA FALORSI
CAMILLE ROY

IDEAKA
EDELVIVES

ÍNDICE

LOS ANIMALES 22

	El corral	24
	El gallinero	26
	La conejera	28
	La pocilga	30
	El establo	32
	Las vacas	34
	El aprisco	36
	Las cabras	38
	Las ovejas	40
	La trashumancia	42
	Los cuidados	44
	La feria ganadera	46
?	¡Ponte a prueba!	48

EN LA GRANJA 6

	La granja	8
	El tractor	10
	Las herramientas	12
	Los animales que ayudan	14
	Los animales que perjudican	15
	El tiempo que hace	16
	La noche en la granja	18
?	¡Ponte a prueba!	20

LOS CULTIVOS — 50

- Preparar la tierra — 52
- Sembrar — 54
- Cuidar el campo — 56
- La cosecha — 58
- Los cereales — 60
- Las verduras — 62
- Las frutas — 64
- El invernadero — 66
- El mercado — 68
- ¡Ponte a prueba! — 70

LAS GRANJAS ESPECIALIZADAS — 72

- La granja apícola — 74
- La granja vitivinícola — 76
- La granja hortícola — 78
- El arrozal — 80
- La granja escuela — 82
- ¡Ponte a prueba! — 84

PÁGINAS DE RESUMEN

- Las voces de los animales — 86
- Las huellas de los animales — 87
- Un año en la granja — 88
- Los productos de la granja — 90
- Índice alfabético — 92

escribir — Todos los nombres de este libro de imágenes van acompañados de su correspondiente artículo determinado. Los verbos y las acciones se destacan con un recuadro para que el niño mejore la comprensión de los diferentes tipos de palabras.

? — Al final de cada apartado general se incluye una doble página titulada «¡Ponte a prueba!», donde se plantean actividades destinadas a comprobar cuánto se ha aprendido.

Las «Páginas de resumen» presentan datos fundamentales de forma resumida.

A-Z — En el índice alfabético que hay al final del libro encontrarás enseguida la palabra que buscas.

En la parte inferior de cada doble página se remite a otras páginas que tratan un tema complementario. De este modo, se puede cambiar el orden de lectura y relacionar mejor los conocimientos.

EN LA GRANJA

LA GRANJA

Este es el terreno de los granjeros: animales, cultivos… ¡Qué grande es!

el coche
la carretera
el camino
el espantapájaros
el heno
el granero
el prado
los silos
el establo
la pocilga
la tierra de labranza

¿CÓMO SE LLEGA A SER GRANJERO?

¿Te apetece trabajar en el campo con animales o al aire libre en los prados? Pues puedes hacerte agricultor.

Normalmente, uno llega a ser granjero porque su familia trabaja en una granja. En ese caso se aprende el oficio de los padres.

Pero también se puede ser granjero si te formas para ello. ¡Mientras llega el momento de decidir, visita una granja escuela!

La granja escuela **82**
Un año en la granja **88**

 EL TRACTOR

Para los trabajos de la granja,
el tractor, sea grande o pequeño,
es indispensable.

- la luz giratoria
- la chimenea
- el volante
- el guardabarros
- el faro
- el motor
- el estribo
- la rueda motriz
- la llanta
- el contrapeso
- la rueda delantera

el minitractor

los faros traseros

la cabina

el gancho de remolque

el brazo de tracción

¿PODRÍAS TÚ CONDUCIR UN TRACTOR?

El tractor se suele utilizar para remolcar otras máquinas. Es el vehículo agrícola más importante.

Se puede conducir un tractor en la granja desde los 16 años. Para salir a la carretera, se necesita un permiso de conducir especial.

En la granja escuela podrás acompañar al granjero en su tractor. Él te enseñará cómo se conduce.

Preparar la tierra **52**
Sembrar **54**

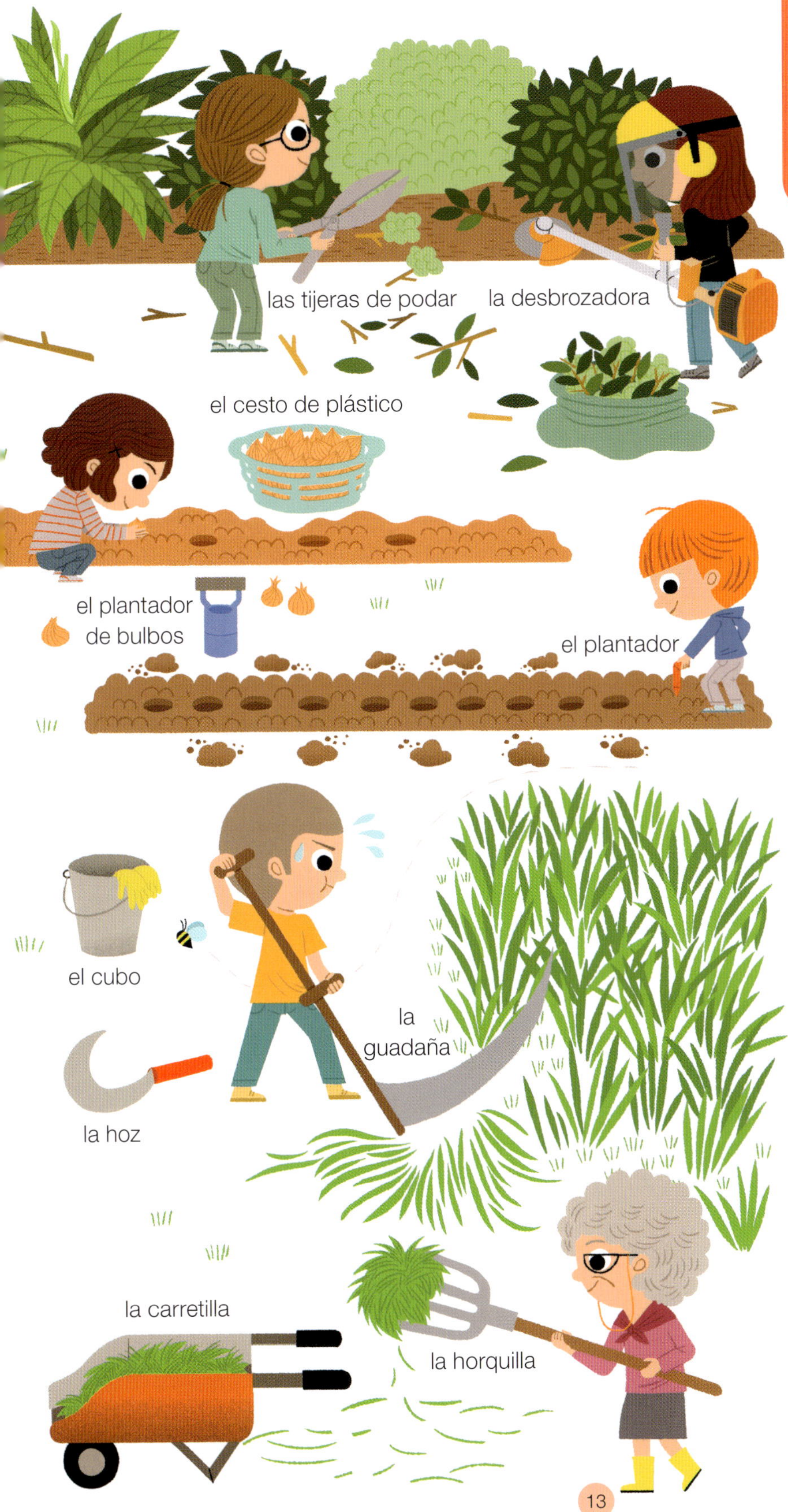

¿QUÉ NECESITAS PARA TRABAJAR EN EL JARDÍN?

las tijeras de podar

la desbrozadora

el cesto de plástico

el plantador de bulbos

el plantador

el cubo

la guadaña

la hoz

la carretilla

la horquilla

¿Te gusta trabajar en el jardín? Si en donde vives hay un jardín, un huerto o una terraza, puedes cultivar plantas.

Las herramientas de la granja son útiles, pero para el cuidado de los arriates existen utensilios más pequeños y apropiados.

Ocupan menos espacio que las grandes herramientas empleadas en la granja. También puedes usarlos para tus plantas de interior.

 LOS ANIMALES QUE AYUDAN

¡En la granja, no solo trabajan las personas! Algunos animales también ayudan.

el perro guarda la granja

el gato caza

la abeja y la mariposa polinizan el árbol frutal

la lechuza caza a los roedores

la araña se come los insectos

la mariquita se come los pulgones

el murciélago se come los mosquitos

la lombriz airea la tierra

🐭 LOS ANIMALES QUE PERJUDICAN

Otros animales complican el trabajo de los granjeros. ¡Hay que vigilarlos!

el zorro ataca a las gallinas

el roedor mordisquea el grano

el escarabajo se come las patatas

el pulgón debilita las plantas

la babosa se come las hortalizas

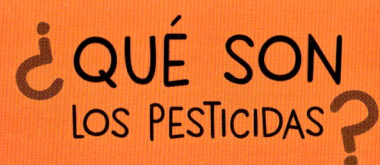

¿QUÉ SON LOS PESTICIDAS?

Seguro que has oído hablar de ellos: para eliminarlos, lavamos las verduras y pelamos las frutas antes de comérnoslas.

Algunos insectos se comen las hojas o los frutos de los cultivos. Para impedírselo, se rocía sobre las plantas un producto que los mata.

Además, existen otras sustancias químicas que permiten que las plantas crezcan, pero que no son beneficiosas para la salud.

La noche en la granja 18 🌙
Cuidar el campo 56

🌤️ EL TIEMPO QUE HACE

El tiempo es importante en el campo. Las plantas son muy sensibles a él: en ocasiones llueve demasiado, otras veces hace un tiempo muy seco…

el sol

el aire

la lluvia

los rayos del sol

la fruta que madura al sol

el tallo por el que circula la savia

la hoja para captar la luz y respirar

la tierra

las raíces para absorber el agua y los elementos de la tierra

¿Necesitan agua todas las plantas?

la sequía

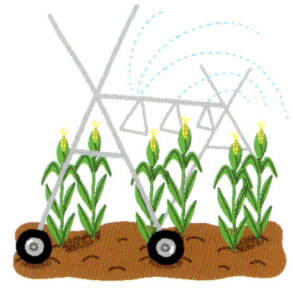
regar los sembrados

la helada tardía

calentar el vergel

dispersar las nubes

el cañón antigranizo

el granizo

proteger los árboles — la malla antigranizo

el viento

proteger el sembrado con setos

Si tienes plantas en tu casa, ya sabrás que hay que regarlas cada cierto tiempo. No pueden vivir sin agua.

Sin embargo, algunas plantas, como los cactus, necesitan muy poca agua. Si reciben demasiada, se mueren.

Las plantas también necesitan la luz del sol para vivir. No coloques tu planta en una habitación muy sombría.

Cuidar el campo 56
Un año en la granja 88

🌙 La noche en la granja

Aunque todo está en calma, en la granja siguen ocurriendo muchas cosas...

la lechuza

llevar la contabilidad

el lirón

el erizo

el zorro

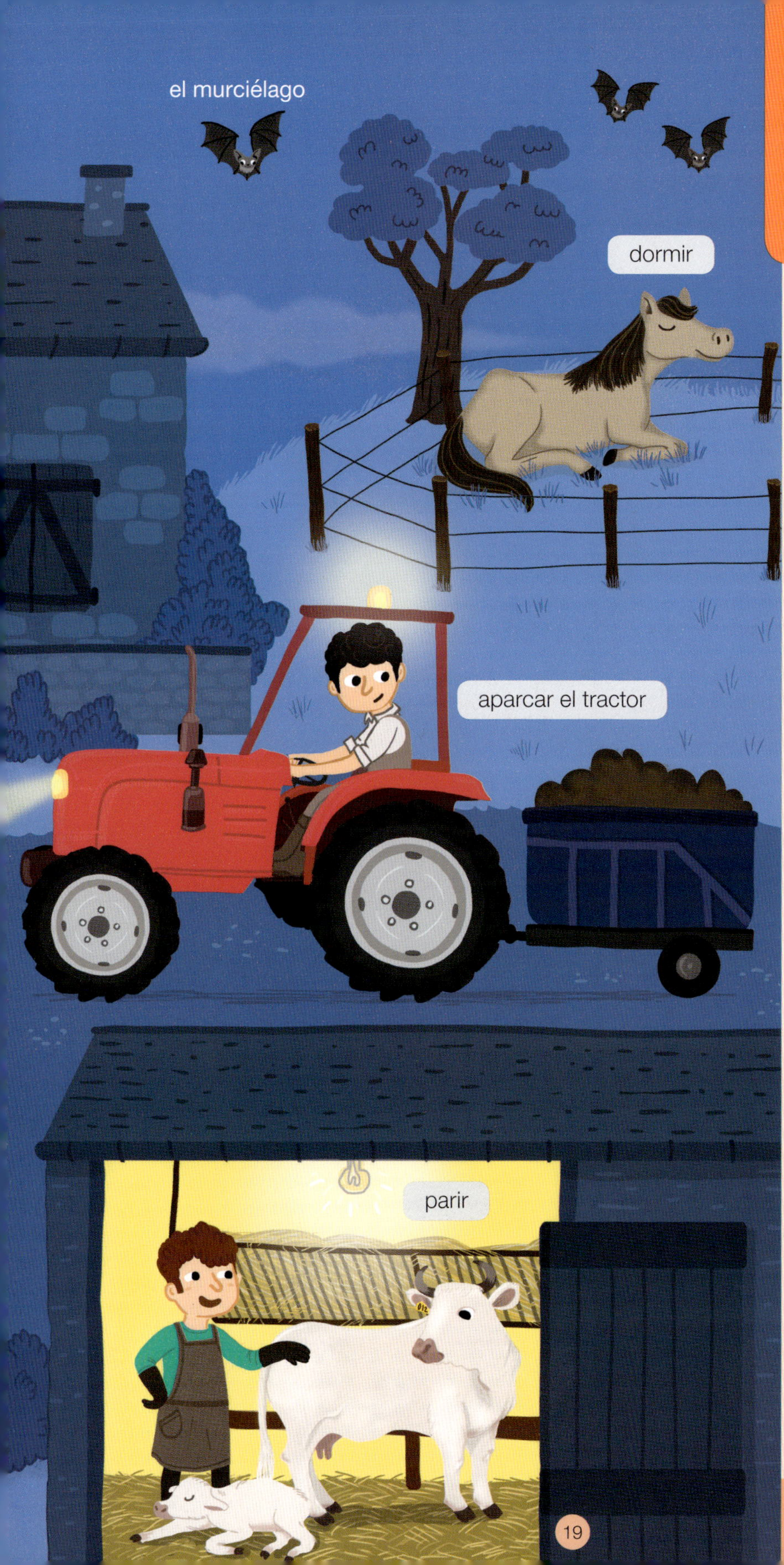
el murciélago
dormir
aparcar el tractor
parir

¿POR QUÉ ALGUNOS ANIMALES NO DUERMEN DE NOCHE?

Si estás en el campo durante la noche y te detienes a escuchar los ruidos, oirás a muchos animales que no duermen.

MIAUUU
CROAC CROAC
UUUHUHUH

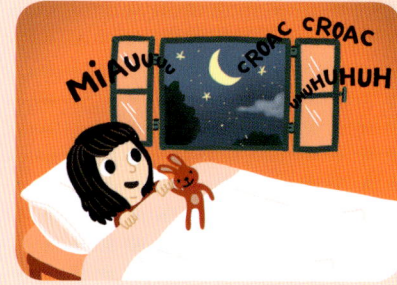

Aprovechan la calma para cazar, alimentarse y reproducirse. Algunos ven muy bien en la oscuridad.

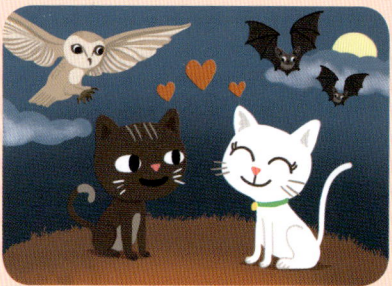

Estos animales descansan durante el día, a salvo en sus escondrijos. ¡Cada uno tiene su ritmo!

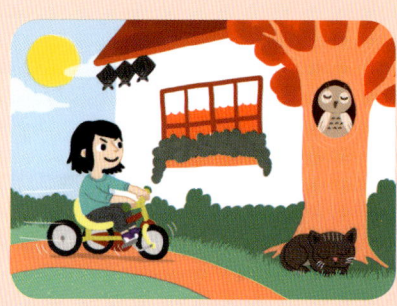

Los animales que ayudan **14**
Los animales que perjudican **15**

¡PONTE A PRUEBA!

¿Cómo se llama esta máquina? Localiza en la imagen la luz giratoria, el estribo y la chimenea.

¿Cuáles de estos animales suelen salir durante la noche? Nómbralos.

¿Qué herramientas están utilizando estas personas? ¿Sabes para qué sirven?

Observa estas dos imágenes. En la segunda han desaparecido cinco elementos; señala cuáles.

En la granja hay muchos animales. ¿Cuáles conoces?
Y tú, ¿tienes algún animal en tu casa?

LOS ANIMALES

el zorro
la alambrada
la carúncula
la pava
el pavo
la cresta
el bebedero
el gallo
la pintada
los polluelos
la lombriz
el estiércol
la gallina

¿POR QUÉ SE HABLA DE POLLOS CRIADOS AL AIRE LIBRE?

En la pollería, tal vez hayas oído hablar del pollo «criado al aire libre». Eso quiere decir que pudo correr libremente por un prado.

Los pollos que proceden de la crianza intensiva viven amontonados en grandes cobertizos que albergan miles de aves.

Llegan allí siendo polluelos y salen cuando alcanzan el tamaño suficiente para ser consumidos. Nunca han corrido en libertad.

El gallinero 26
Los productos de la granja 90

🐔 EL GALLINERO

En su casa, las gallinas se atusan las plumas, picotean y, sobre todo..., ponen huevos.

el huevo

recoger los huevos

atusarse las plumas

el pollo

la cresta

el pico duro

las barbillas

la anilla de identificación

las alas pequeñas

la gallina

las plumas grandes

el gallo

el espolón

los cuatro dedos con garras

picotear el grano

incubar un huevo

el nido

la gallina penedesenca

la gallina de New Hampshire

la gallina pedresa

el polluelo

la gallina de Sussex

¿PUEDE HABER UN POLLUELO EN TU HUEVO?

¡Mmm, qué ricos están los huevos fritos, revueltos, pasados por agua o en tortilla! ¡Y nunca encontrarás polluelos en su interior!

La gallina incuba los huevos con polluelo cuando un gallo vive con ella. Entonces pueden reproducirse y tener polluelos.

Los huevos que se compran para consumir proceden de gallinas que no viven con gallos. En tu huevo solo encontrarás la yema y la clara.

El corral 24

LA CONEJERA

Protegidos del frío y de la lluvia en la conejera, los conejos se crían por su carne y por su pelaje.

- la jaula vacía
- las diez mamas
- el pelo sedoso
- los ojos, que lo ven todo a su alrededor
- el heno
- los gazapos
- la coneja
- las vibrisas
- las orejas
- el pabellón
- el muslo
- los grandes dientes
- la cola
- las peladuras de verduras para mordisquear
- el conejo
- las patas traseras plegadas

el conejo gigante blanco de Bouscat

el conejo belier

el conejo gigante de España

el conejo mariposa

el pan duro

el pienso

el conejo de Angora

las jaulas

¿VIVEN TODOS LOS CONEJOS EN CONEJERAS?

El conejo que compras en el supermercado no ha vivido en la conejera de un corral. Ha sido criado en un cobertizo.

Al igual que otros miles de conejos, es alimentado hasta que es lo suficientemente grande para ser consumido.

Pero existen criadores que intentan darles más espacio a sus conejos. ¡Pregúntale al pollero!

Las voces de los animales 86
Las huellas de los animales 87

🐖 LA POCILGA

El cerdo es de la familia de los suidos, como el jabalí. Es criado por su carne.

la cola en forma de tirabuzón

las orejas erectas

el cerdo landrace francés

el hocico

el cerdo es un verraco que ya no puede procrear

el verraco large white

el lechón duroc

la pezuña hendida

las ubres

la cerda large white

el cerdo piétrain

el cerdo chino

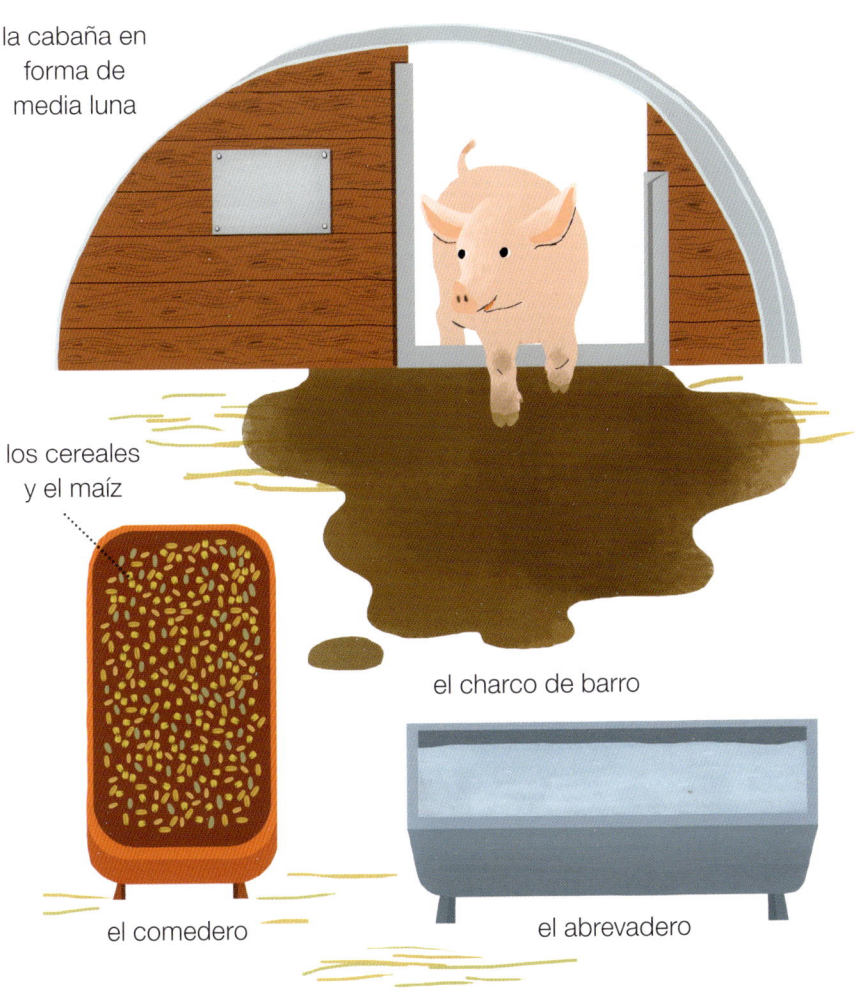

la cabaña en forma de media luna

los cereales y el maíz

el charco de barro

el comedero

el abrevadero

la lámpara de calor

la cerda

¿POR QUÉ EL CERDO SE REVUELCA EN EL BARRO?

Se dice que los cerdos son sucios. De hecho, existe la expresión «comer como un cerdo», que se refiere a comer ensuciándose.

Sin embargo, los cerdos son tan limpios como cualquier animal. Les gusta revolcarse en el barro, ¡pero no lo hacen porque sean sucios!

El barro húmedo los refresca y protege su piel de los parásitos. ¡En realidad, el cerdo es un animal muy delicado!

Los productos de la granja 90

EL ESTABLO

En muchos países se crían millones de vacas al aire libre, en los prados o bajo el techo de un cobertizo.

la cría en el prado

descansar a la sombra

el ordeño mecánico

el ordeño manual

las vacas

renovar la paja

la cría en cobertizo

el camión cisterna

la valla electrificada

las vacas

pastar

rumiar

los toros

el comedero

la retroexcavadora

el estiércol

el vehículo para transportar ganado

¿DAN LECHE TODAS LAS VACAS?

Si han tenido una cría, todas las hembras dan leche. Y si se les extrae con regularidad, continúan produciéndola.

Aun así, la leche de algunas vacas se reserva para que alimenten a sus terneros. Se dice entonces que amamantan a sus crías.

Otras vacas se crían sobre todo por su carne, ¡porque está verdaderamente rica! Estas vacas no se ordeñan.

Las vacas 34
La trashumancia 42

LAS VACAS

Cada vaca tiene sus cualidades:
algunas dan mucha leche,
otras tienen muy buena carne.

la limousin

la charolesa

la montbéliarde

la salers

la frisona

la normanda

¿DE DÓNDE PROCEDE LA LECHE QUE BEBES?

Quizá tomes leche en el desayuno o en la merienda. Pues bien, esa leche procede de una vaca que ha sido ordeñada en una granja.

La leche obtenida se lleva luego a una fábrica. Una vez allí, se calienta y se filtra para limpiarla y prepararla.

Luego se mete en envases y se transporta a las tiendas, donde tú puedes comprarla. ¿Cómo te gusta más la leche?

El establo **32**
Los productos de la granja **90**

dar el biberón a un cordero

ordeñar a mano

esperar el turno

el ordeño mecánico

¿CÓMO SE PRODUCE LA LANA?

Cuando hace frío, llevas un jersey de lana para estar calentito. Esa lana procede de una oveja que ha sido esquilada.

Tras la esquila, la lana de las ovejas se lava. Luego se pasa a una máquina que la carda y la transforma en hilo.

A continuación, la lana se tiñe de diferentes colores y se vende a los fabricantes de jerséis. ¡Podrías aprender a hacer punto!

Las cabras **38**
Las ovejas **40**

LAS CABRAS

Las cabras producen leche. Con ella se hacen unos quesos muy buenos.

trepar a un árbol

la cabra de Angora

la cabra Golden Guernsey

¿CÓMO SE HACE EL QUESO?

El queso puede ser suave, cremoso y fácil de untar, o duro y seco… ¿Has probado alguna vez el queso de leche de cabra?

Para hacer queso, se transforma la leche (de cabra, de vaca o de oveja) en una pasta gracias a un producto especial.

Después se deja reposar, calentando o no esa pasta, y se sala. Una vez que reposa el tiempo necesario, ¡ya se puede comer!

El aprisco **36**
Los productos de la granja **90**

🐑 LAS OVEJAS

De las ovejas se obtiene principalmente carne, pero también lana y leche.

el cordero

la oveja

el vellón

los cuernos en forma de espiral

la cola cortada

la mandíbula superior sin dientes

el carnero

la pezuña partida

el carnero es una oveja que puede tener muchas crías

la oveja Lacaune

la oveja Suffolk

la lana densa

la oveja merina

¿POR QUÉ LAS OVEJAS TIENEN UNA MARCA PINTADA EN EL CUERPO?

Durante una excursión a un museo, los monitores del campamento de verano ponen un casco a cada niño.

El casco sirve para identificarlos y evitar, así, que ninguno de ellos se pierda... ¡Pues con las ovejas sucede lo mismo!

Gracias a esa marca pintada, el criador reconoce a sus animales y sabe cuáles de ellos pertenecen a su rebaño. ¡Cada uno a su sitio!

El aprisco **36**
La trashumancia **42**

La Trashumancia

Durante el verano, se lleva el ganado a la montaña para que esté al aire libre y disponga de rica hierba para pastar.

el cencerro
el pastor
la cabaña del pastor
los animales guía
el camino
mirar pasar los rebaños
la pastora

¿CÓMO HACER SI NO SE VIVE EN LA MONTAÑA?

el agua de manantial

el pasto de montaña

los turistas haciendo senderismo

el perro pastor

el arroyo

En verano, cuando hace mucho calor, te quedas a la sombra o al fresco en casa para protegerte del sol y de las altas temperaturas.

Los animales que no viven en la montaña tienen que soportar el calor. En el prado no es fácil protegerse: hace falta sombra.

Por eso, el granjero trata de proporcionarles sombra plantando setos alrededor del prado. A veces, saca a sus animales de noche.

El establo **32**
Un año en la granja **88**

🩹 LOS CUIDADOS

El granjero cuida de los animales, pero si se ponen enfermos, es el veterinario quien debe atenderlos.

la camioneta

la veterinaria

el baúl de los medicamentos

hacer una ecografía

operar a una vaca

auscultar

vacunar

cortarle los cuernos al ternero

poner una etiqueta

ayudar a una oveja a parir

¿CÓMO SE LLEGA A SER VETERINARIO?

Si te interesan los animales que viven en la granja y te gusta estar en el campo, podrías ser veterinario rural.

Al terminar el instituto, hay que seguir estudiando para aprender a cuidar a los animales y conocer sus necesidades.

Luego, recorrerás el campo de granja en granja para ayudar a los criadores en el cuidado de su ganado.

La granja **8**
La noche en la granja **18**

🏆 LA FERIA GANADERA

Miles de visitantes acuden a las ferias ganaderas para admirar el mejor ganado de los criadores.

hacer una foto

la paja

la carrera de cerdos

la valla

los aseos

la escalera mecánica

la degustación de productos de la granja

¿CUÁL ES LA VACA MÁS BONITA?

En algunas ferias ganaderas, se convocan concursos en los que se premia a los mejores animales de cada raza.

Para elegir a la mejor vaca, por ejemplo, se valoran la firmeza de su ubre, la elegancia de su estructura ósea y la armonía de su tamaño.

Los criadores se esfuerzan mucho en cuidar a sus animales para presentarlos al concurso: ¡eso da mucho trabajo!

Las voces de los animales **86**
Los productos de la granja **90**

¡PONTE A PRUEBA!

Pon en orden estas tres etapas de la esquila de una oveja.

Describe lo que ocurre en esta imagen. ¿Cuál es el oficio de los personajes?

¿Dónde crees que sucede esta escena, en el establo o en el aprisco?

¿Cuáles de estos animales viven en un corral? Nómbralos.

¿Reconoces las siluetas de estos animales?
¿Cuál de ellos pone huevos?

En la feria ganadera podemos conocer a todos los animales de la granja. ¿A cuáles te gustaría ver primero?

LOS CULTIVOS

PREPARAR LA TIERRA

Antes de plantar las semillas en los campos, hay que arar la tierra para prepararla.

el arado

las rejas

el tractor

arar la tierra

los surcos

la grada

el pájaro que picotea las lombrices

los pequeños dientes

la lombriz que asoma

el terrón

la tierra removida

¿POR QUÉ ES NECESARIO ARAR LA TIERRA?

Si intentas plantar una semilla en un suelo no arado, corres el peligro de que no se entierre y se la coma enseguida un pájaro.

Al labrar el campo, el granjero revuelve la superficie de la tierra y rompe su dura corteza. Así, las semillas quedarán enterradas.

Una vez instalada en la tierra, la semilla encuentra todo lo que necesita para crecer. ¡Sobre todo si la riegas y luce el sol!

El tractor **10**
Un año en la granja **88**

🌱 SEMBRAR

Después de la labranza, la tierra está preparada para recibir las semillas, que se entierran con la sembradora.

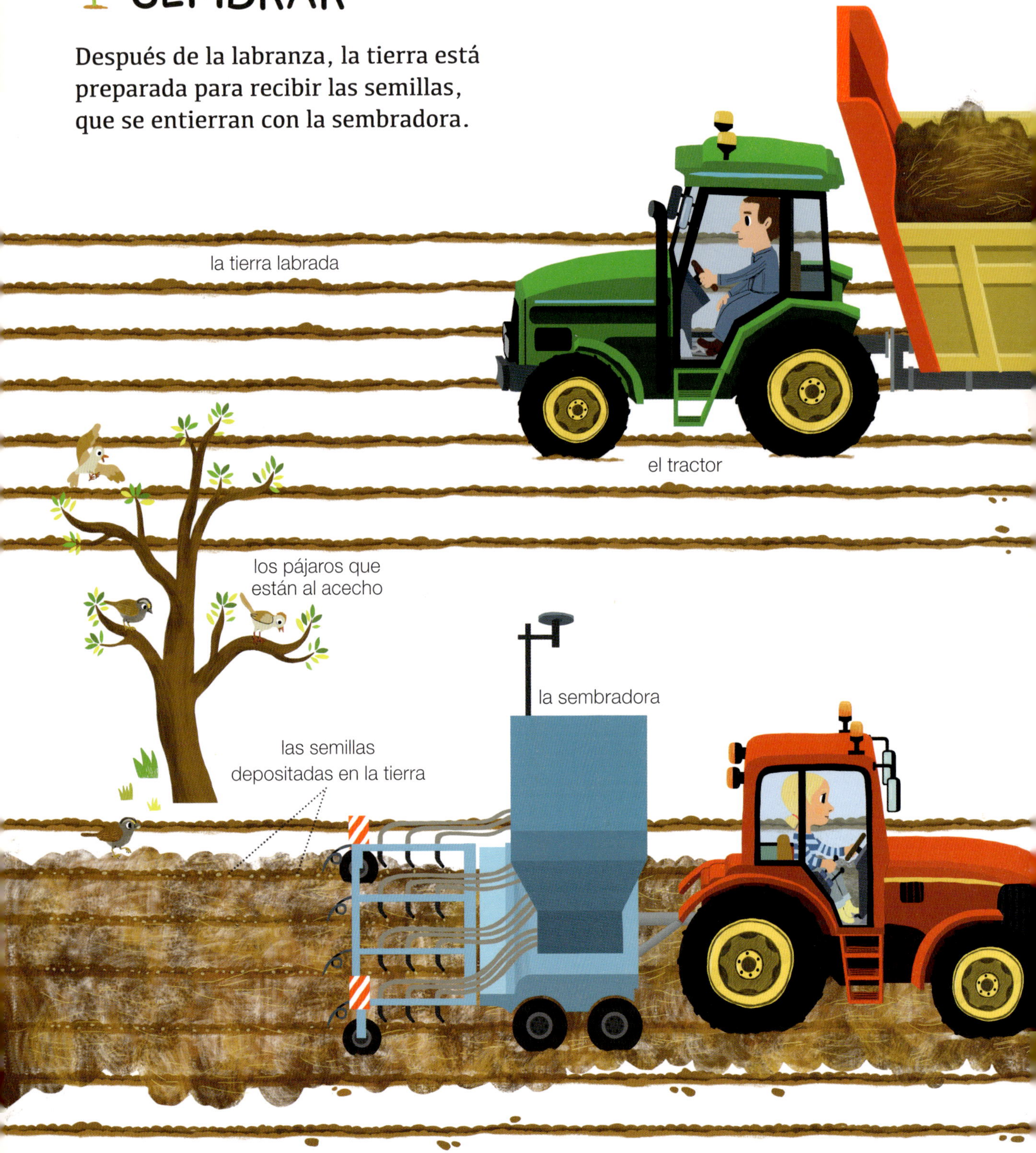

la tierra labrada

el tractor

los pájaros que están al acecho

la sembradora

las semillas depositadas en la tierra

el estiércol, una mezcla de paja y excrementos de animales para enriquecer la tierra

el remolque para esparcir el estiércol

los surcos

¿DE DÓNDE VIENEN LAS SEMILLAS?

Observa una calabaza partida por la mitad y verás sus semillas. Al plantarlas, crecerán más calabazas.

Sin embargo, los granjeros no suelen reciclar las semillas de sus campos. Les resulta más fácil comprar otras nuevas.

Las empresas de semillas producen una gran variedad de ellas. Algunas incluso se dedican a conservar verduras raras.

El tractor 10
Un año en la granja 88

CUIDAR EL CAMPO

Para que los cultivos crezcan bien, hay que regarlos y vigilarlos.

esparcir un pesticida

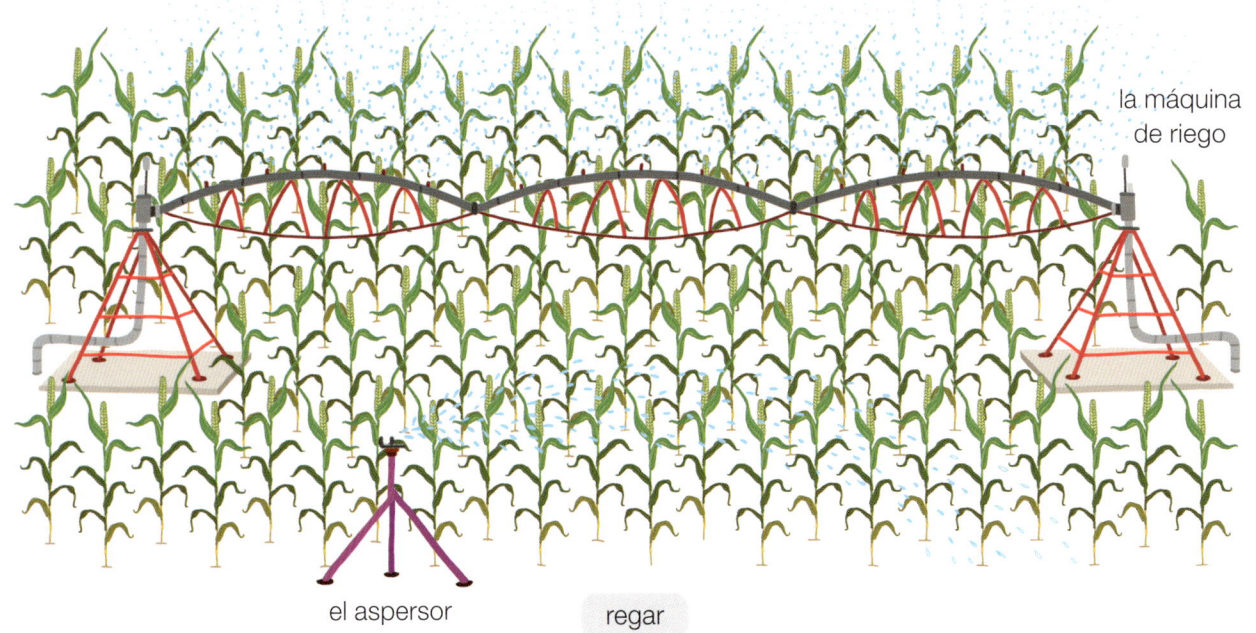

la máquina de riego

el aspersor   regar

¿QUÉ SON LOS PRODUCTOS BIO?

vigilar el campo

impedir que el trigo se encame

Seguro que has oído hablar de productos bio. Los venden tanto en el mercado como en el supermercado.

Las frutas y verduras biológicas se cultivan de la manera más natural posible, sin pesticidas o casi sin ellos.

La carne bio procede de animales criados también con alimentos bio. Es una forma de trabajar que respeta el planeta.

Los animales que perjudican **15**
El tiempo que hace **16**

LA COSECHA

El trigo se recolecta en cuanto está maduro, antes de que llueva. ¡A veces incluso se trabaja de noche!

los silos para conservar el grano

la paja o los tallos de trigo separados del grano

el contenedor que recupera el grano

el depósito de grano

la cabina

el molinete

la cosechadora

los dientes

el tractor

la reserva donde se guarda la paja

la agavilladora

el haz de paja

¿QUÉ SE HACE CON LA PAJA?

Si pasas por el campo al final del verano, verás grandes cilindros o cubos enormes de paja.

Esa paja sirve de cama para el ganado y protege el suelo como una alfombra. Tan pronto como se ensucia, el granjero la cambia.

Los animales pueden comerla, aunque prefieren el heno, una hierba alta y seca más tierna que la paja.

El establo **32**
Los cereales **60**

🌾 LOS CEREALES

Son las plantas que más se cultivan, ya que sirven de alimento tanto para las personas como para el ganado.

el arroz   el trigo harinero   el trigo candeal   la cebada

¿QUÉ SE HACE CON TODOS ESTOS CEREALES?

Los cereales que comes en el desayuno han sufrido una transformación. No están así cuando se recolectan.

Los cereales se utilizan para cocinar muchos alimentos. Transformados en harina, con ellos se hacen pasteles, pan, pastas...

Con la cebada se elabora cerveza. Pero los cereales sirven principalmente para alimentar a gran cantidad de animales.

la avena

el centeno

el maíz

La cosecha **58**
El arrozal **80**

LAS VERDURAS

Las cultiva el hortelano en una especie de huerto gigante.

crecer en una vaina   crecer a lo largo de un tutor

crecer en el interior de la tierra

crecer como una flor

crecer en la oscuridad

¿POR QUÉ ALGUNAS CRECEN DEBAJO DE UN PLÁSTICO?

Es probable que al pasar por una carretera junto a un campo hayas visto túneles de plástico para resguardar, por ejemplo, lechugas.

Se usan para proteger las verduras de la lluvia y la nieve, así como de las malas hierbas y los bichos, como por ejemplo las babosas.

También permiten conservar la humedad y el calor del sol. De esta manera, las lechugas crecen sanas y se hacen muy grandes.

El invernadero **66**
El mercado **68**

🍎 LAS FRUTAS

En el vergel, el hortelano cultiva toda clase de frutas deliciosas.

la fresa — los fresales

la frambuesa — el frambueso

el ruibarbo — la planta del ruibarbo

el arándano — la planta del arándano

el melón — la planta del melón

la sandía — la planta de la sandía

la pera — el peral

el kiwi — la planta del kiwi

la manzana — el manzano

la ciruela — el ciruelo

¿DE DÓNDE VIENEN OTRAS FRUTAS QUE COMES?

Es probable que comas mangos, lichis, papayas..., aunque algunas de estas frutas se cultiven muy lejos.

la cereza — el cerezo

el albaricoque — el albaricoquero

Proceden de países muy remotos ¡e incluso nos llegan desde otros continentes! A veces deben hacer un largo viaje.

el melocotón — el melocotonero

el higo — la higuera

Transportarlas contamina; por eso, se aconseja consumir sobre todo frutas cultivadas en zonas más cercanas.

el plátano — la platanera

la naranja — el naranjo

El invernadero **66**
El mercado **68**

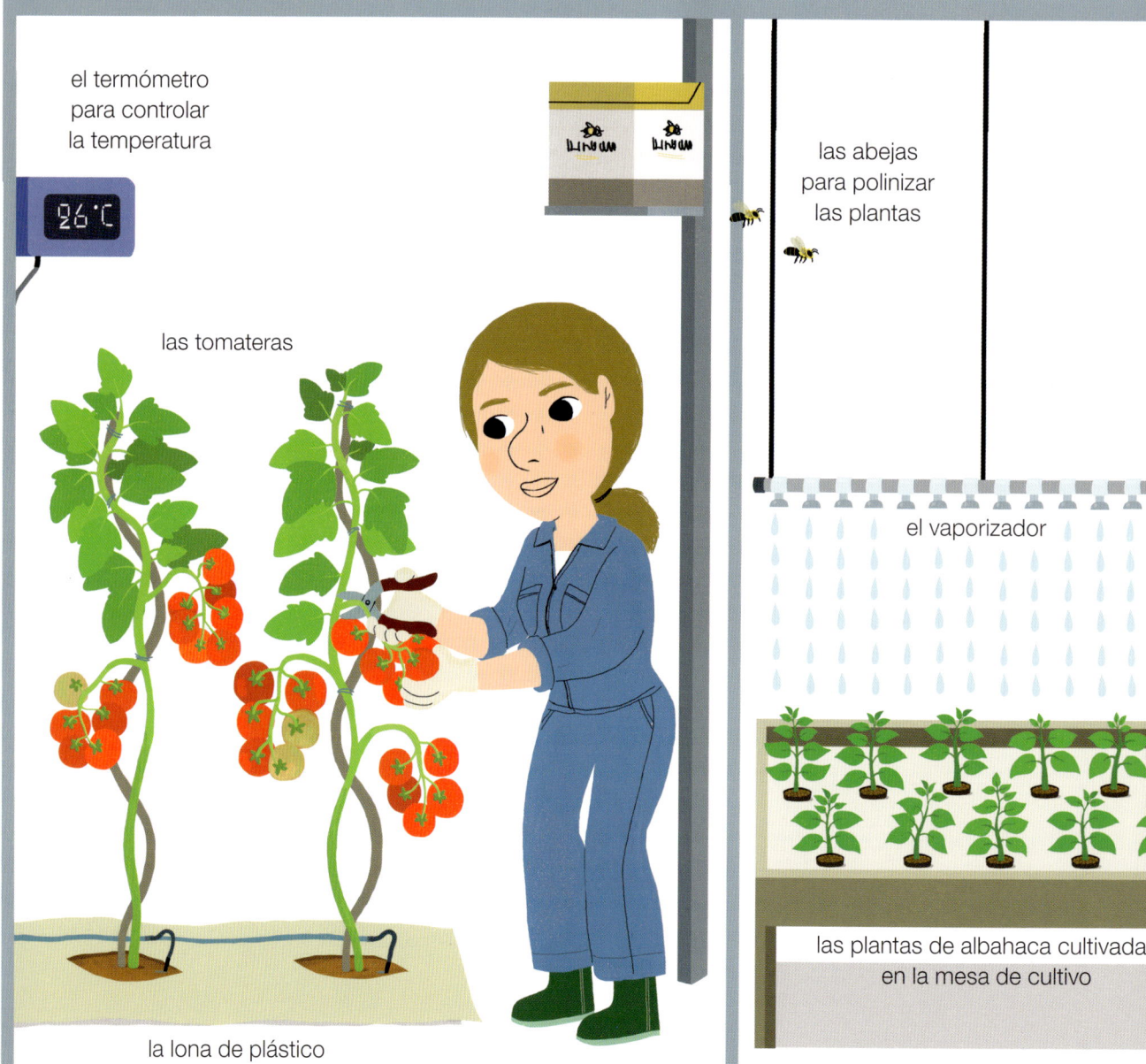

🏠 EL INVERNADERO

En estas instalaciones se cultiva durante todo el año, sin tener que preocuparse por el tiempo ni por las estaciones.

las paredes y el techo acristalados para mantener el calor y proteger de la lluvia

el termómetro para controlar la temperatura

26°C

las abejas para polinizar las plantas

las tomateras

el vaporizador

las plantas de albahaca cultivadas en la mesa de cultivo

la lona de plástico

la ventana para ventilar

la lámpara para iluminar

los tubos para irrigar

el riego por goteo

las frutas limpias

el recipiente lleno de nutrientes para la planta

¿QUÉ SON LAS FRUTAS DE TEMPORADA?

Si tienes plantas en tu casa o en tu jardín, sabrás que no florecen todo el año. Siguen el ciclo de las estaciones.

Con las frutas y verduras suele suceder lo mismo. Maduran en un determinado momento: cuando tienen suficiente sol.

Si comemos productos de temporada, respetamos el ciclo natural de una planta: albaricoques en verano, puerros en invierno...

Las verduras **62**
Un año en la granja **88**

EL MERCADO

Hay agricultores que acuden cada semana al mercado a vender sus productos directamente.

- el toldo
- el pollo de corral
- el puesto del hortelano
- el calabacín
- el pimiento
- los huevos
- el conejo
- el tomate
- el chalote
- los quesos
- la sombrilla
- el melón
- los botes de verduras
- los productos ecológicos
- las mermeladas
- la nectarina

las cajas

la báscula
el perejil
la pera
el pepino
el apio
la manzana
los espárragos
el puerro
la lechuga
la ciruela

los panes
los cereales

¿EN QUÉ SE DIFERENCIA UN SUPERMERCADO DE UN MERCADO?

Las frutas y las verduras, pero también el queso, la carne..., se venden tanto en un mercado como en un supermercado.

En el mercado, estos productos los vende el productor directamente. De esta manera viajan mucho menos.

En cambio, para llegar al supermercado, los productos han de ser transportados y luego adquiridos por otro mercado gigante.

Las verduras **62**
Las frutas **64**

¡PONTE A PRUEBA!

¿Puedes clasificar estas plantas de cereales de la más pequeña a la más grande?

¿Sabes cuáles de estas verduras crecen en el interior de la tierra? ¿Y en una vaina? ¿Y a lo largo de un tutor?

el trigo candeal   el maíz   la avena   el arroz

En un tractor se pueden enganchar muchas máquinas. ¿Cuál hay que elegir para arar? ¿Sabes cómo se llama?

Señala con el dedo los tres trozos que le faltan a esta imagen. ¿Qué pieza sobra?

Las frutas y las verduras son buenas para la salud.
¿Cuáles conoces?
¿Cuáles son tus preferidas?

LAS GRANJAS ESPECIALIZADAS

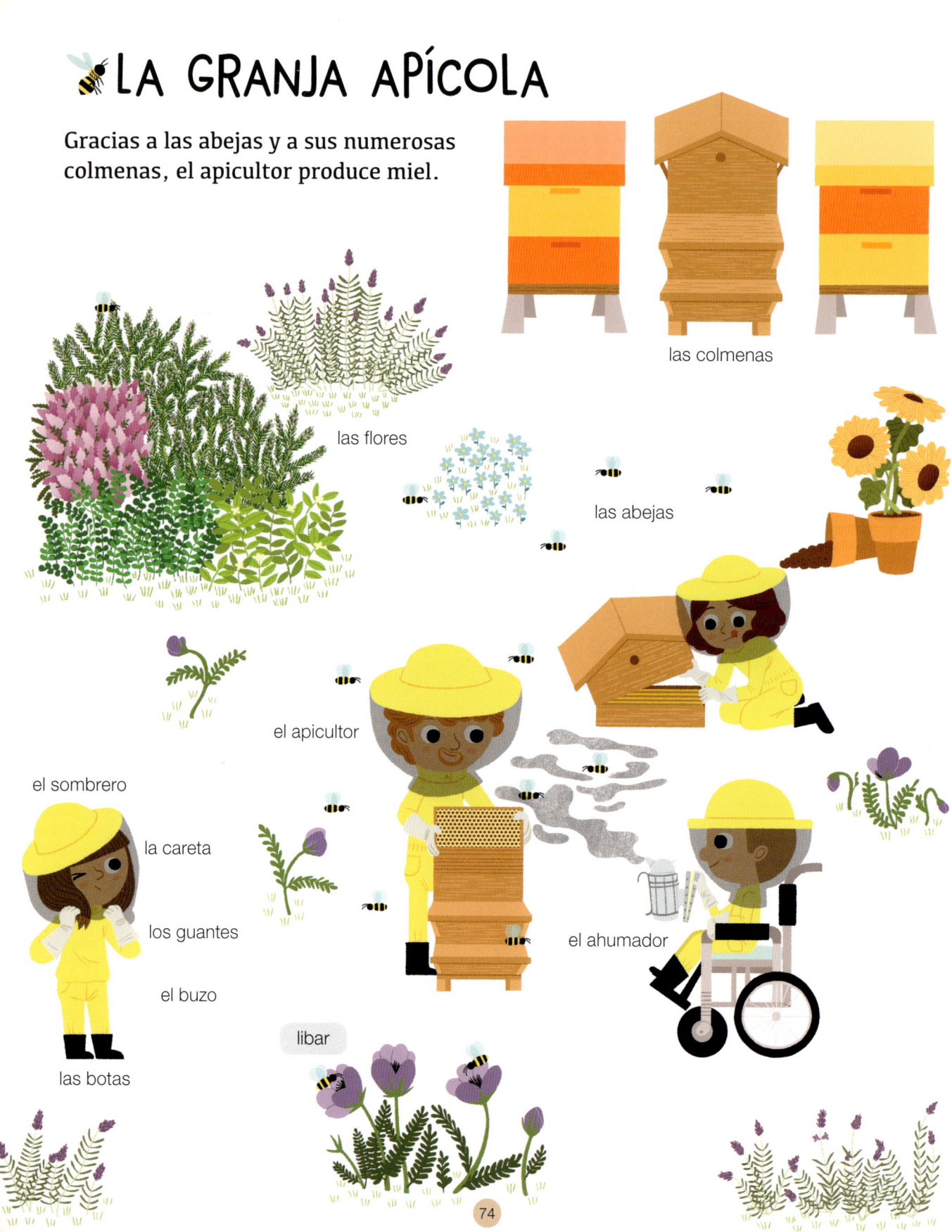

la fábrica de miel

las celdillas
el panal
el bidón de miel
la centrifugadora

la tienda

las velas de cera
los botes de miel
los caramelos de miel
el turrón
el pan dulce de especias
la jalea real
el polen
el hidromiel
los jabones

¿POR QUÉ ESTÁN EN PELIGRO LAS ABEJAS?

Para fabricar miel, no basta con criar abejas: se necesitan muchas flores y abejas que estén en buena forma.

Actualmente hay menos abejas que antes. Se cree que esto se debe a la contaminación y a los productos que se echan en los cultivos.

Estos productos debilitan a las abejas, que además disponen de menos flores para libar y sufren la amenaza de otros insectos...

Los animales que ayudan 14

🍇 LA GRANJA VITIVINÍCOLA

El viticultor cultiva diferentes tipos de uvas para hacer vino.

el remolque
el tractor
el lagar
las cubas
los corchos
la sala de vinificación
el etiquetado
las botellas vacías
la embotelladora

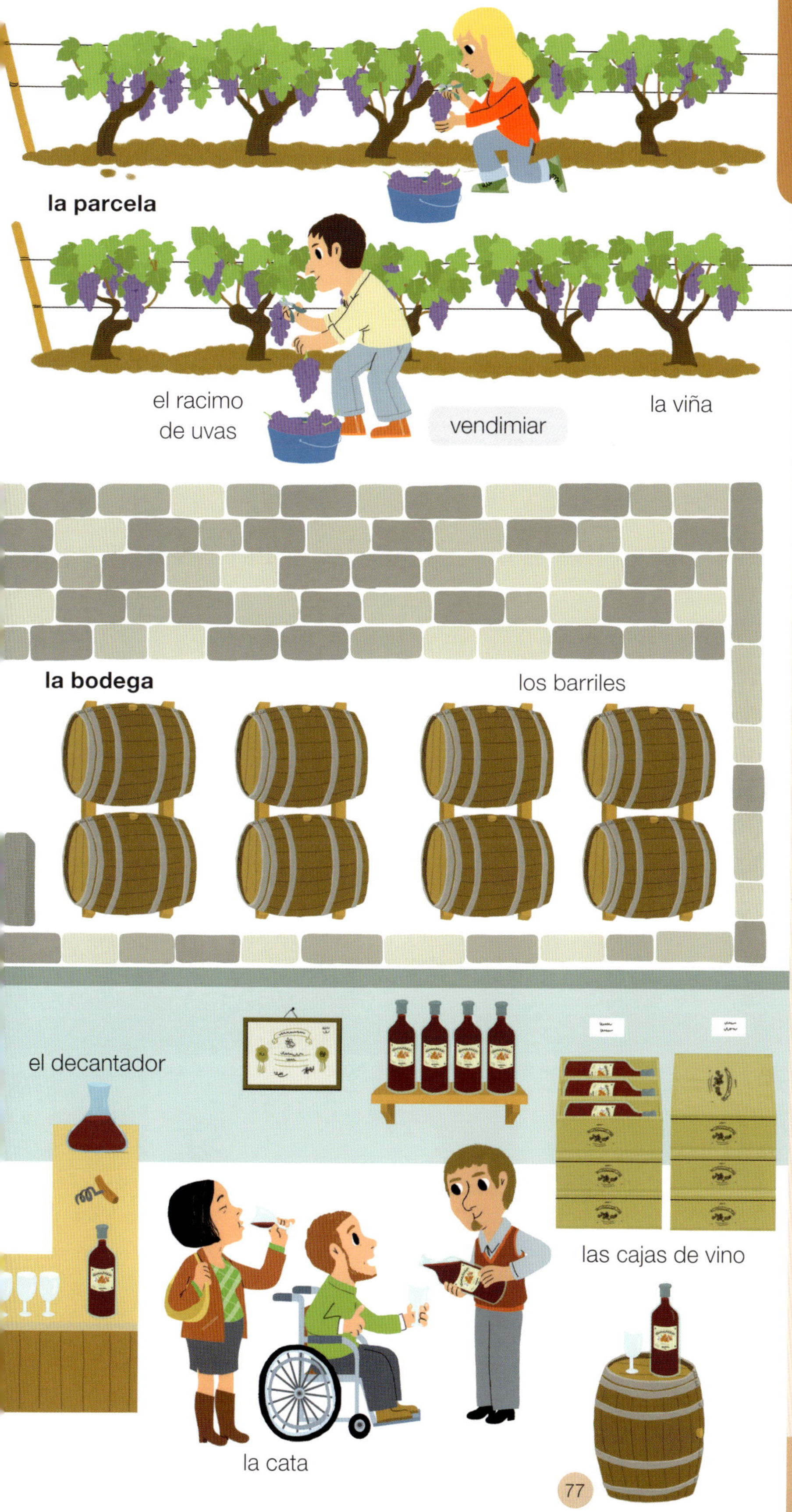

la parcela

el racimo de uvas   vendimiar   **la viña**

la bodega   **los barriles**

el decantador

las cajas de vino

la cata

¿QUÉ ES EL ALCOHOL?

Tú no puedes beber vino, ni cerveza, ni sidra porque son bebidas alcohólicas, como el güiski, el vodka, el ron...

El alcohol del vino procede del azúcar de las uvas prensadas. El azúcar se transforma en alcohol por medio de la fermentación.

El sabor del vino se debe a las diferentes uvas utilizadas y a la tierra en la que se cultivan. ¡Cada región tiene su especialidad!

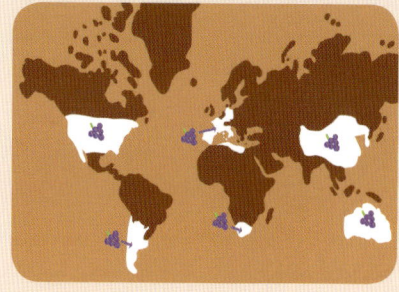

La granja escuela **82**
Los productos de la granja **90**

LA GRANJA HORTÍCOLA

Antes de ser vendidas en la floristería, las plantas se cultivan en granjas especializadas.

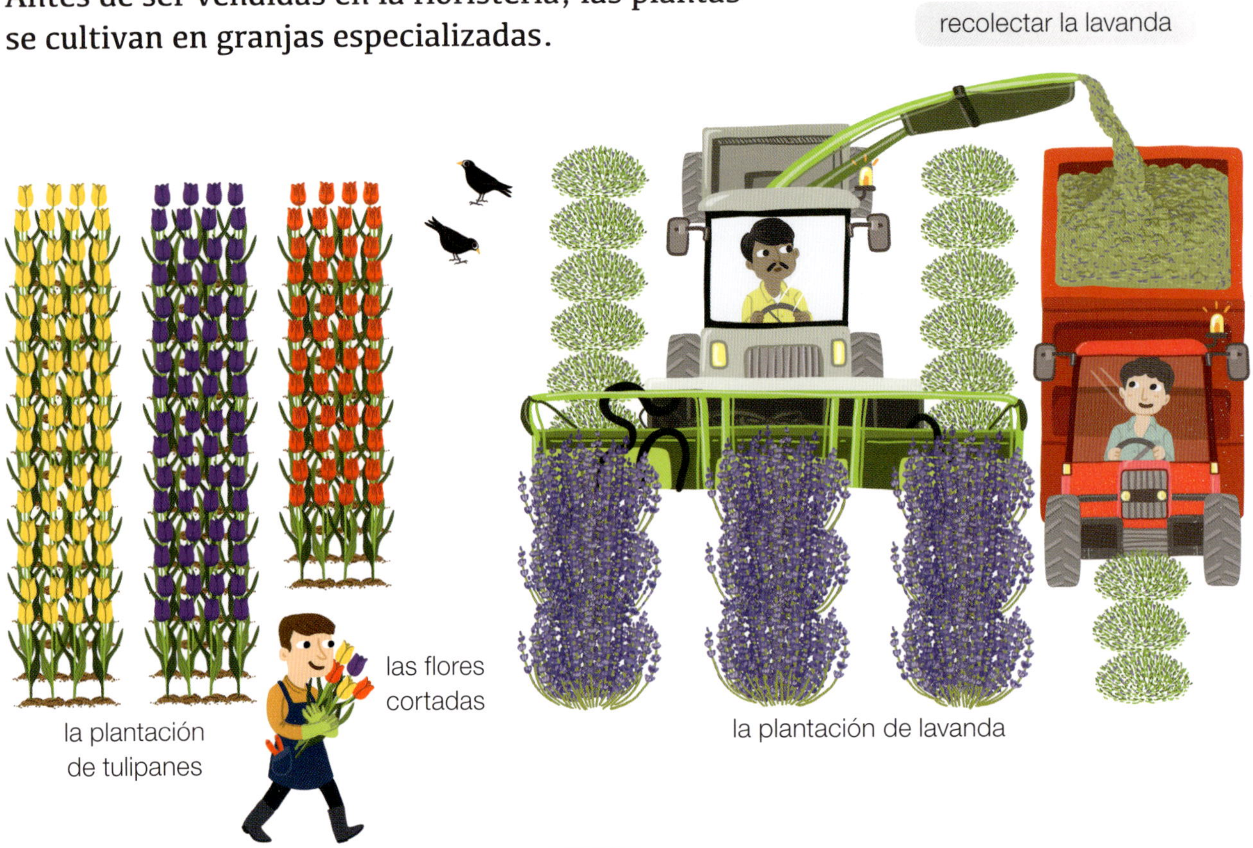

recolectar la lavanda

las flores cortadas

la plantación de tulipanes

la plantación de lavanda

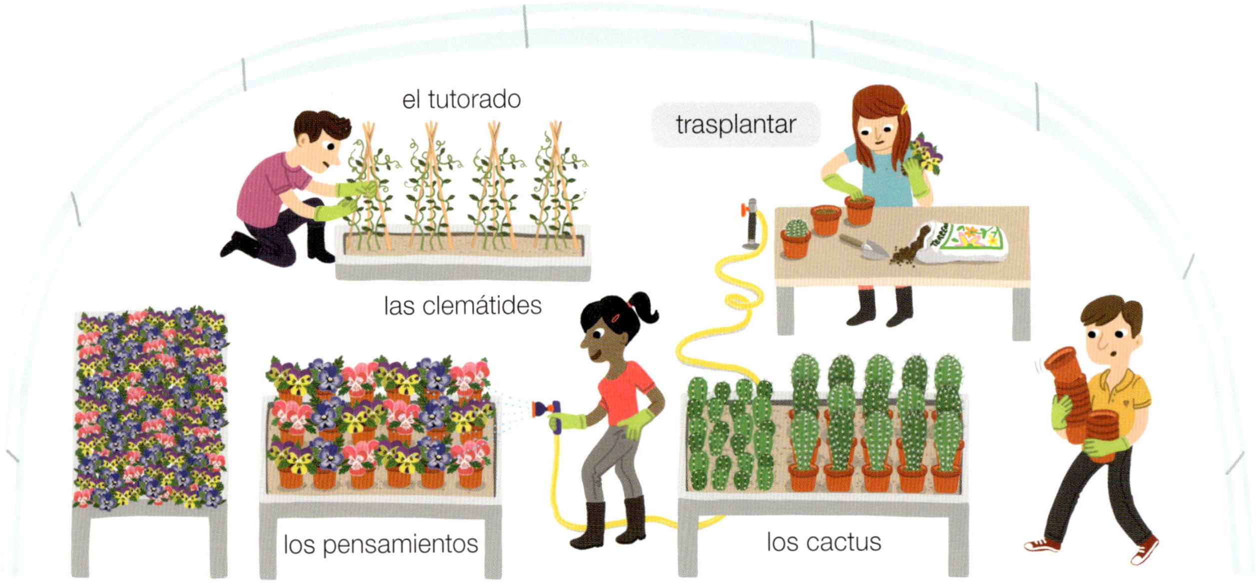

el tutorado

trasplantar

las clemátides

los pensamientos

los cactus

el invernadero

los abetos de Navidad

los abetos listos para vender

los árboles

podar

los arbustos

plantar

el vivero

¿PARA QUÉ SIRVEN TODAS ESTAS FLORES?

Se cultivan principalmente porque son bonitas y huelen bien: en ramos o plantadas en el balcón, en el jardín...

Pero también se utilizan para elaborar medicamentos o perfumes. De sus pétalos se extrae lo que resulta beneficioso.

¿Sabías que algunas también se comen? Prueba a poner capuchinas en la ensalada: ¡son ricas, dulces y bonitas!

El invernadero 66

EL ARROZAL

El arroz es un cereal que crece en el agua. En España se cultiva en diferentes zonas.

el arroz para sembrar

el trasplante

la siembra

la inundación de la tierra

la floración

la recolección del arroz

¿DE DÓNDE PROCEDE EL ARROZ QUE CONSUMES?

Existen muchas clases de arroz. Se cultiva en España, pero también se produce en otros lugares del mundo.

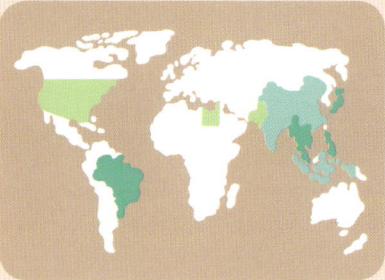

En Asia cultivan el arroz en terrazas, es decir, en varios niveles en las laderas de las montañas.

Se dice que el arroz asiático es importado porque procede de otro país; ha hecho un largo viaje para que puedas comprarlo.

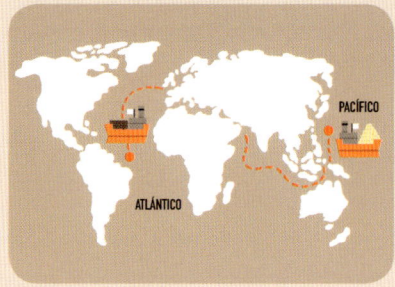

¿PARA QUÉ SIRVEN ESTAS GRANJAS?

recolectar manzanas

la picadora

el lagar

exprimir manzanas

el monitor

degustar el zumo de manzana

ordeñar a mano

la vaca

Puede que hayas visitado una granja escuela con el colegio. Al contrario que otras granjas, esta se encuentra abierta al público.

Estos granjeros dan a conocer su oficio a las personas que no saben cómo se cultiva un huerto o cómo se cría a los animales.

Esto permite entender mejor de dónde procede lo que se come... Y quizá te guste tanto que decidas ser granjero cuando seas mayor.

¡Ponte a prueba!

He aquí diferentes productos. Señala los que hayan sido fabricados gracias al trabajo de las abejas.

la mantequilla

el pan dulce de especias

el pan

las velas de cera

los caramelos de miel

el aceite

¿Conoces algún producto que se fabrique con uvas y que los niños no puedan consumir?

Ordena las siguientes fases del cultivo del arroz.

¿Sabes qué están haciendo estas personas?
¿En qué tipo de granja trabajan?

¿Cuál de estos tres niños va equipado
para acercarse a las colmenas?

¿Has ido alguna vez a una granja?
¿Has intentado ayudar a los granjeros?
¿Qué trabajo prefieres hacer?

LAS VOCES DE LOS ANIMALES

LAS HUELLAS DE LOS ANIMALES

 el conejo

 la oveja

 el pato

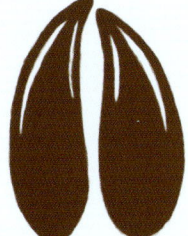 la cabra

 la gallina

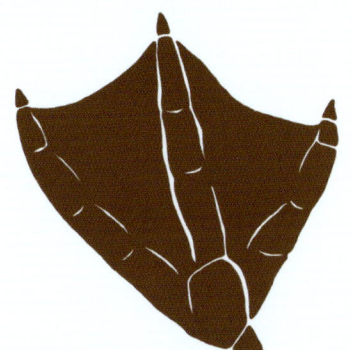 la oca

 el gato

 el perro

 el asno

 el cerdo

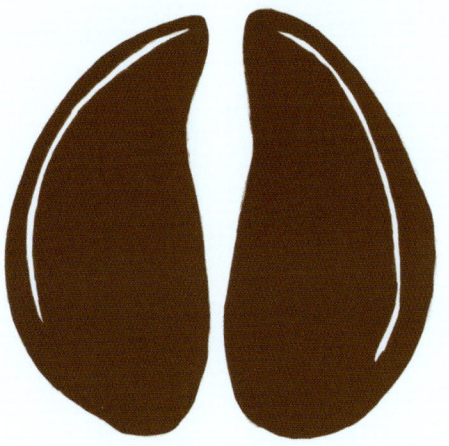 la vaca

UN AÑO EN LA GRANJA

enero

la vacunación

el nacimiento de los terneros

la trashumancia

EN EL ESTABLO

enero

la labranza   la siembra   las primeras hojas

LA PLANTACIÓN DE MAÍZ

enero

la poda   los vástagos

la floración

la red para proteger el vergel

EL HUERTO DE MANZANOS

diciembre

el vehículo de ganado
para ir al matadero

la inseminación
de las vacas

el regreso del ganado al establo

diciembre

el riego abundante · la recolección · el ensilado

diciembre

la maduración
de las manzanas

la recolección

la venta
de las manzanas

el manzano
sin hojas

🏪 LOS PRODUCTOS DE LA GRANJA

el pollo · el pollo asado · los nuggets

la oca · el huevo · el plumón de la almohada · el paté

la gallina · el huevo

el cerdo · la salchicha · el jamón

la vaca · la cabra · la oveja · el yogur · la mantequilla · la leche · el queso · la nata

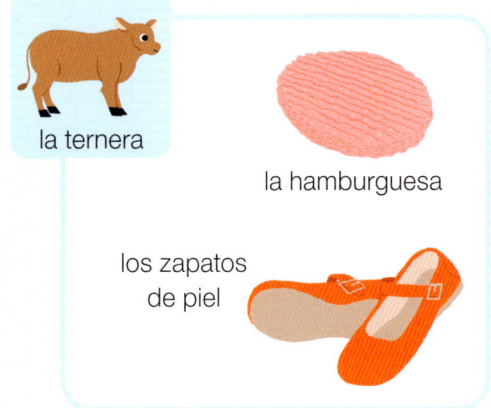

la ternera · la hamburguesa · los zapatos de piel

la oveja · el conejo · la cabra · la lana · la lana de Angora · la lana mohair

 el trigo

 la harina

 el paquete de cereales

 las pastas

 las galletas

 el pan

el girasol — la colza — el aceite — el biocombustible

la tomatera — el kétchup — la caja de tomates

 la patata

 el saco de patatas

 el puré

 la bolsa de patatas

 las patatas fritas

el manzano

 la caja de manzanas

 el zumo de manzana

 la compota de manzana

 la sidra

A-Z ÍNDICE ALFABÉTICO

A

abeja 14, 66, 74, 75, 84
abeto de Navidad 79
abrevadero 31, 46
aceite 84, 91
agavilladora 59
agricultor 8, 9, 15, 68
agua 16, 17, 43, 80
agua de manantial 43
ahumador 74
aire 16
airear 14
ala 26
alambrada 25
albahaca 66
albaricoque 65, 67
albaricoquero 65
alcachofa 62
alcohol 77
alimentar 61, 82
alimentarse 19
alimento 60, 61
alimento bio 57
amamantar 33
Angora 29, 39, 90
anilla de identificación 26
animal 41, 47, 59
animales 8, 9, 14, 15, 19, 43, 44, 45, 57, 61, 83, 86, 87
animales guía 42
ansarino 24
año 66, 67, 88
apicultor 74
apio 69
aprisco 8, 36, 48
arado 52
arándano 64
araña 14
arar 52, 53, 70
árbol 17, 79
árbol frutal 14
arbusto 79
arriate 13
arroyo 43
arroz 60, 70, 80, 81, 84
arrozal 80
aseo 47
asno 82, 87
aspersor 56
atusarse las plumas 26
auscultar 45
ave 24, 25
avena 61, 70
azada 12
azadón 12
azúcar 77

B

babosa 15, 63
balar 86
bar 46
barba 38
barbillas 26
barril 77
barro 31
báscula 69
baúl de medicamentos 44
bebida alcohólica 77
berenjena 62
biberón 37
bicho 63
bidón de miel 75
billete de entrada 46
bio 57, 68
biocombustible 91
biológico 57
bodega 77
bolsa de patatas 91
botas 74
bote de miel 75
bote de verdura 68
botella 76
brazo de tracción 11
buey 34
buzo 74

C

caballo 82
cabaña del pastor 42
cabaña de media luna 31
cabina 11, 58
cabra 36, 38, 39, 46, 87, 90
cabrito 38
cacarear 86
cactus 17, 78
caja 69, 77, 91
calabacín 68
calabaza 55
calentar 17
calor 43, 63
cama 59
camino 9, 42
camión cisterna 32
camioneta 8, 44
campo 9, 16, 19, 45, 52, 53, 55, 56, 57, 59, 63
cañón antigranizo 17
capuchina 79
caramelos de miel 75, 84
careta 74
carne 28, 30, 33, 34, 40, 69

carne bio 57
carnero 40, 41
carrera de cerdos 47
carretera 9, 11, 63
carretilla 13
carúncula 25
casa 8, 17, 21, 26, 43, 67
cata 77
cazar 14, 19
cebada 60, 61
cebolla 62
celdilla 75
cencerro 42
centeno 61
centrifugadora 75
cera 75, 84
cercado 46
cerda 30, 31
cerdo 30, 31, 46, 47, 87, 90
cereales 31, 60, 61, 69, 70, 80
cereza 65
cerezo 65
cerveza 61, 77
cesto 13
chalote 68
champiñón 62
charca 24, 82
charco de barro 31
chillar 86
chimenea 10
ciclo natural 67
ciruela 65, 69
ciruelo 65
clara 27
clase 82
clemátide 78
cobertizo 8, 25, 29, 32
coche 9
cola 28, 30, 34, 40
colegio 45, 83
coliflor 62
colmena 74, 82, 85
colza 91
comedero 24, 31, 33
comer 14, 15, 38, 61, 65, 79, 83
compost 82
compota 91
concurso 47
conducir 11
coneja 28
conejera 28, 29
conejo 28, 29, 68, 87, 90
conservar el grano 58
contabilidad 18
contaminación 75

contaminar 65
contenedor 58
contrapeso 10
corcho 76
cordel 12
cordero 37, 40
corral 8, 24, 29
cortar los cuernos 45
cosecha 58
cosechadora 58
crecer 15, 53, 63
cresta 25, 26
cría en cobertizo 32
cría en el prado 32
crianza al aire libre 25
crianza intensiva 25
criador 29, 41, 45, 46, 47
criar 75, 83
cuba 76
cubo 13
cubo del compost 82
cuerno 34, 40, 45
cuidar 45
cultivar 12, 13, 60, 62, 64, 65, 66, 76, 77, 78, 79, 80, 81, 83
cultivar en terrazas 81
cultivar sobre la mesa 66
cultivo 8, 15, 51, 56, 75, 84

D

dar el biberón 37
decantador 77
dedo 26, 34
degustación 47
degustar 83
depósito de grano 58
desbrozadora 13
descansar a la sombra 32
diente 28, 40, 52, 58
dormir 19

E

ecografía 44
embotelladora 76
empresa de semillas 55
endivia 62
enfermo 44
enriquecer la tierra 55
ensalada 79
ensilado 89
erizo 18
escalera mecánica 47
escarabajo 15
espantapájaros 9, 82

esparcir el estiércol 55
esparcir un pesticida 56
espárrago 69
especialidad 77
esperar el turno 37
espolón 26
esquila 37, 48
esquilar 36, 37
establo 9, 32, 48, 88, 89
estaciones 66, 67
estiércol 25, 33, 55
estribo 10
etiqueta 34, 45
etiquetado 76
excrementos de animales 55
exprimir manzanas 83
extraer la leche 33

F
fábrica de leche 35
fábrica de miel 75
faro 10, 11
feria ganadera 46, 47
fermentación 77
flor 63, 74, 75, 78, 79
flor cortada 78
flor silvestre 75
floración 81, 88
florecer 67
floristería 78
formación 9
frambuesa 64
frambueso 64
fresa 64
fresal 64
frío 28
fruta 15, 16, 57, 64, 65, 67, 69, 71

G
galletas 91
gallina 15, 25, 26, 27, 82, 87, 90
gallinero 26
gallo 25, 26, 27
ganado 33, 42, 45, 46, 59, 60, 89
gancho de tracción 11
ganso 24
gañir 86
garaje 8
gato 14, 87
gazapo 28
girasol 91
gluglutear 86
grada 52
granero 9
granizo 17

granja apícola 74
granja escuela 9, 11, 82, 83
granja especializada 72
granja hortícola 78
granja vitivinícola 76
granjero 9, 11, 43, 44, 53, 55, 59, 83, 85
grano 15, 24, 26, 58
gránulos 29
graznar 86
gruñir 86
guadaña 13
guantes 74
guardabarros 10
guisante 62

H
hamburguesa 90
harina 61, 91
haz de paja 59
helada 17
heno 9, 28, 36, 59
herramienta 12, 13
hidromiel 75
hierba 38, 42, 59
higo 65
higuera 65
hocico 30
hoja 16, 88, 89
horquilla 13
hortaliza 15
hortelano 62, 64, 68
hoz 13
huella 87
huerto 8, 12, 13, 62, 82, 88
huevo 24, 26, 27, 68, 69, 82, 90
humedad 63

I
iluminar 67
importado 81
incubar 27
insecto 14, 15, 75
inseminación 89
inundación 80
invernadero 8, 66, 78
invierno 67
irrigar 67

J
jabalí 30
jabón 75
jalea real 75
jamón 90
jardín 13, 67, 79
jaula 28, 29

judía verde 62
jurado 47

K
kétchup 91
kiwi 64

L
labranza 54, 88
labrar 53
ladrar 86
lagar 76, 83
lámpara 67
lámpara de calor 31
lana 36, 37, 40, 41, 90
lavanda 78
laya 12
leche 33, 34, 35, 37, 38, 39, 40, 90
lechón 30
lechuga 62, 63, 69
lechuza 14, 18
libar 74, 75
lichi 65
lirón 18
llanta 10
llover 58
lluvia 16, 28, 63, 66
lombriz 14, 25, 52, 53
lona de plástico 66
luz 16, 17
luz del sol 17
luz giratoria 10

M
macho cabrío 38
maduración 89
madurar 16, 67
maduro 58
maíz 31, 61, 70, 88
mala hierba 63
malla antigranizo 17
mama 28
mamella 38
manantial 43
mandíbula 40
mango 65
mantener el calor 66
mantequilla 84, 90
manzana 65, 69, 83, 89, 91
manzano 65, 88, 89, 91
máquina 8, 11
máquina de riego 56
mariposa 14
mariquita 14
matadero 89

maullar 86
medicamento 44, 79
melocotón 65
melocotonero 65
melón 64, 68
mercado 57, 68, 69
mermelada 68
miel 74, 75
minitractor 11
molinete 58
monitor 83
montaña 42, 43, 81
mosquito 14
motor 10
mugir 86
murciélago 14, 19
muslo 28

N
nacimiento de los terneros 88
naranja 65
naranjo 65
nata 90
natural 57
nectarina 68
nido 27
nieve 63
noche 18, 19, 20, 43, 58
nube 17
nuggets 90

O
oca 24, 82, 87, 90
oficio 9
ojos 28
operar 44
ordeñar 33, 35
ordeñar a mano 37, 83
ordeño manual 32
ordeño mecánico 32, 37
oreja 28, 30
oveja 36, 37, 39, 40, 41, 45, 87, 90

P
pabellón 28
padres 9
paja 24, 32, 47, 55, 58, 59
pájaro 52, 53, 54
pala 12
pan 29, 61, 69, 84, 91
pan dulce de especias 75, 84
panal 75
paneles solares 8
papaya 65
paquete de cereales 91

parcela 77
parir 19, 45
pasillo 46
pastar 33, 42
pastas 61, 91
pastel 61
pasto de montaña 43
pastor 42
pastora 42
patas traseras 28
pata/pato 24, 87
pata palmeada 24
patata 15, 62, 91
patatas fritas 91
paté 90
patio 8
patito 24
pava/pavo 25
peladura 28
pelar 15
pelo 28, 38
pensamiento 78
pepino 69
pera 64, 69
peral 64
perejil 69
perfume 79
permiso de conducir 11
perro 14, 36, 43, 87
pesticida 15, 56, 57
pétalo 79
pezones 38
pezuña 30, 34, 38, 40
piar 86
picadora 83
pico 26
picotear 26, 52
piel 90
pienso 29
pimiento 68
pintada 25
planta 13, 15, 16, 17, 60, 64, 66, 67, 70, 78
planta de interior 13
plantación 78, 88
plantador 13
plantador de bulbos 13
plantar 43, 52, 53, 79
platanero 65
plátano 65
pluma 24, 26
plumón 90
pocilga 9, 30
poda 88
podar 79
polen 75
polinizar 14, 66
pollero 29
pollo 25, 26, 68, 90
pollo asado 90

pollo de corral 68
polluelo 25, 27
poner huevos 26
poner una etiqueta 45
prado 9, 25, 32, 43
producto de la granja 47, 90
producto de temporada 67
producto ecológico 68
producto químico 15
productor 69
profesión 83
proteger 17, 63, 66, 88
puerro 67, 69
puesto del hortelano 68
pulgón 14, 15
puré 91

Q

queso 38, 39, 68, 69, 90

R

racimo de uvas 77
raíz 16
ramo 79
rastrillo 12
rayos del sol 16
raza 47
rebaño 36, 41, 42
rebuznar 86
recipiente de nutrientes 67
recoger los huevos 26, 82
recolección 81, 89
recolectar 58, 61, 78, 83
red 88
regadera 12
regar 17, 53, 56
rejas 52
remolacha 62
remolque 55, 76
renovar la paja 32
reproducirse 19
reserva 59
respirar 16
retroexcavadora 33
riego 56, 89
riego por goteo 67
roedor 14, 15
rueda delantera 10
rueda motriz 10
ruibarbo 64
rumiar 33

S

sabor 77
saco de patatas 91
sala de vinificación 76
salchicha 90

salud 15
sandía 64
savia 16
sembrado 12, 17
sembradora 54
sembrar 54
semilla 52, 53, 54, 55
senderismo 43
sequía 17
seto 17, 43
sidra 77, 91
siembra 80, 88
silo 9, 58
sol 8, 16, 17, 53, 63
sombra 43
sombrero 74
sombrilla 68
suido 30
supermercado 29, 57, 69
surco 52

T

tallo 16
tallo de trigo 58
taquilla 46
techo acristalado 66
temperatura 66
termómetro 66
ternera 90
ternero 33, 34, 45, 88
terrón 53
teta 34
tiempo 16, 66
tienda 75
tijeras de podar 13
tierra 12, 14, 16, 52, 53, 54, 63, 70, 77, 80
tierra de labranza 9
toldo 68
tomate 62, 68
tomatera 66, 91
toro 33, 34
trabajar 9, 57, 58
trabajar en el jardín 13
tractor 10, 11, 19, 52, 54, 58, 70, 76, 82
transportar 65
trashumancia 42, 88
trasplantar 78
trasplante 80
trepar a un árbol 39
trigo 57, 58, 60, 91
trigo candeal 60, 70
trigo harinero 60
tubo 67
tulipán 78
túnel de plástico 63
turista 43
turrón 75

tutor 63, 70
tutorado 78

U

ubre 30, 34, 38, 47
uva 76, 77, 84

V

vaca 32, 33, 34, 35, 39, 44, 46, 47, 83, 87, 89, 90
vacunación 88
vacunar 45
vaina 63, 70
valla 47
valla electrificada 33
vaporizador 66
vástago 88
vehículo para transportar ganado 33, 89
vela 75, 84
vellón 40
vender 69, 79
vendimiar 77
venta 89
ventilar 67
verano 67
verdura 15, 28, 57, 62, 63, 67, 68, 69, 71
verdura rara 55
vergel 8, 17, 64, 82
verraco 30
veterinaria 44
veterinario 45
viajar 69
viaje 65, 81
vibrisas 28
viento 17
vigilar 15, 53, 56, 57
vinificación 76
vino 76, 77
viña 77
visitantes 46, 82
viticultor 76
vivero 79
volante 10
voz 86

Y

yema 27
yogur 90

Z

zanahoria 62
zapato de piel 90
zorro 15, 18, 25
zumo de manzana 83, 91